LETTRES PROPHÉTIQUES

D'UN

PENSEUR WALLON

SUR

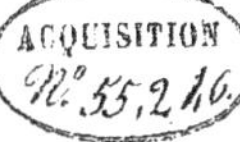

LES MAUX DU SIÈCLE

1870.

Première partie.

1 à 13 candidats pour le Sénat et la Chambre.

1 à Mʳ D.... Représentant (Belg).

3 à Victor Hugo (Paris).

1 de   »   »   »

1 à Edgard Quinet (Paris).

1 à Thiers (Paris).

2 à Jules Favre (Paris).

1 Au comte von Bismark (devant Paris).

1 à mon ami v. d. E. (R....)

CHARLEROI,

IMPRIMERIE D'AUG. PIETTE, RUE NEUVE VILLE HAUTE.

M.

J'expose à votre éminente vue cette perspective :

Les hommes instruits découvriront que le fondement des institutions sociales est dans l'imitation des lois créatives du monde. Les hommes sages enseigneront cette doctrine; les hommes parfaits en feront leurs joies; ils auront trouvé LA TERRE PROMISE !

M. J. M.

M.... le 28 juillet 1870.

Monsieur le Candidat.

J'ai bien reçu la circulaire électorale du   courant que vous m'aviez fait l'honneur de m'adresser.

Dans les circonstances graves où nous nous trouvons tant à l'égard de la formation d'une nouvelle administration intérieure qu'à l'égard d'une bonne conduite politique que le Pays doit observer en présence d'une guerre qui paraît éclater sous des mobiles les plus dangereux pour la paix du monde, je ne puis plus garder cette abstention au moyen de laquelle, dans les moments ordinaires, je croyais protester contre le régime peu élevé que notre position trop belle, trop facile a amené.

Comparez cette œuvre mâle du congrès et ces insipides lois qu'on élabore aujourd'hui. . . . . . Il est vrai qu'en ces derniers temps, les électeurs n'ont pas dû courir au scrutin la carabine sur l'épaule, on vient les prendre en voiture pour aller boire du champagne. Il est vrai aussi que nous n'avons pas appris nos fils à garder le précieux outil de notre délivrance pour le montrer à d'orgueilleux voisins.

Permettez, Monsieur, que je vous adresse un bon conseil ; remettez à vos électeurs, en brochure et à tout le monde par la presse, des vues, des études, des discussions etc., motivées, sur les questions, les réformes etc. ; mêlez vous aussi à la polémique des journalistes qui discutent avec convenance ; vous aurez bientôt atteint les nombreux buts suivants :

1. — Vous vous instruirez les uns les autres ,

2. — Vous nous instruirez dans nos devoirs d'électeur ;

3. — Vous instruirez tout le monde dans LA VIE SOCIALE ;

4. — Nous pourrons établir par NOUS-MÊMES notre jugement sur les candidats ;

5. — Plus vous aurez montré de dignité, de science et de fermeté dans vos travaux, plus nous vous entourerons de respect ;

6. — Les électeurs plus confiants vous défendront ;

7. — Enfin plus de vénalité chez le candidat, plus de mercénarisme chez l'électeur.

Je recevrai avec plaisir votre adhésion ou vos objections aux vues que j'expose et dans cette attente, je vous prie d'agréer, Monsieur, l'assurance de ma parfaite considération.

M. J. M.

M.... le 10 septembre 1870.

Monsieur D... Représentant Belge,

J'ai lû avec infiniment de satisfaction, dans le compte-rendu de la séance du 30 août courant de la Chambre, les réclamations que vous avez adressées au gouvernement au sujet de travaux en projet qui présentent une incontestable opportunité à plusieurs points de vue.

Vous me permettrez de vous apporter en cette occasion mes très humbles encouragements et de vous prier de porter votre attention sur les singulières réflexions que j'ôse vous exposer :

Dans les grandes assemblées où l'on traite des questions qui portent sur des matières nombreuses et très diverses, on y rencontre souvent des membres qui, doués d'une intelligence très étendue, sont trop disposés à les aborder toutes sans s'appuyer du concours de confrères ou de spécialités qui, travaillant moins à jour, ne leur paraissent-pas capables de leur apporter des renseignements, des vues spéculatives DES RÉFORMES MÊME que leur esprit timide a couvés bien longtemps sans qu'ils aient osé briser la roque épaisse qui les tenait enfermés. Vous comprenez de suite, Monsieur, le but de mon observation.

Essayons de former une échelle à trois degrés seulement du partage des travaux de l'homme dans l'état social :

3 — Le ministre

2 — L'industriel

1 — L'ouvrier

Nous aurons cette première image dans la position ordinaire :

1

est une machine qui pense (en piochant) que 2 ne sait pas grand-chose et que 3 ne sait rien du tout ;

3

est un grand esprit qui croit que 2 est un sot et que 1 est une bête ;

2

est un travailleur qui dépense toute sa force et son temps à se démener entre 3 et 1.

Supposons que 3 tienne la baguette de l'ordre levée, TOUJOURS ASSEZ HAUT, JAMAIS TROP BAS : il demandera à 2 des renseignements, des avis, des conseils, etc., qui tiendront celui-ci dans l'habitude de l'éveil CONSTANT, 2 tombera nécessairement sur 1 pour l'instruire, le stimuler, LUI FAIRE UNE POSITION AISÉE, ETC.

On pourrait présenter ces deux esquisses d'une manière plus frappante encore, mais ne montrent-elles pas assez déjà la grossière faute que nos gouvernants ont commise EN SE CROISANT LES BRAS devant les efforts, les secousses qui sont périodiquement données D'EN BAS pour appeler la lumière et qui crèvent à tout moment la croûte fragile sur laquelle notre pauvre Société a bien de la peine à se tenir debout. ..

Ne croirez vous pas comme moi, Monsieur le Représentant, que nos conquêtes sociales qui commencent à se répandre ont dû être enfantées dans la boue des égoûts d'une grande capitale au lieu de descendre majestueusement des flèches de ses saintes cathédrales, des imposants donjons de ses nobles palais, des graves coupoles qui abritent le sanctuaire de la science.... La nature a-t-elle donc accouché de l'homme ses pieds devant?.... Vous comprenez pourquoi les sages qui nient que l'autorité doive procéder d'en bas ont raison et pourquoi les sots qui nient qu'elle doive partir d'en haut ont raison aussi. Ils ont raison tous les deux ; mais gare à nous !

Accordez-moi grâce, en ces malheureux temps, pour la témérité de ces idées et veuillez bien accueillir, Monsieur et très digne Représentant l'assurance de ma très haute considération.

M. J. M.

M... *le 12 septembre* 1870.

Monsieur Victor Hugo, Paris.

Vos nobles paroles de paix au monde l'ont rempli d'échos impuissants.... Vous vous êtes appuyé sur les sentiments humains en laissant quelque concession au préjugé et il ne vous a pas écouté... Moi, j'avais d'abord pensé qu'il y avait là trop d'oreilles rebelles ; j'avais tort ; j'ai trouvé aujourd'hui qu'il y avait seulement erreur.

Comment a-t-on pu penser en effet que la paix puisse jaillir du coup saignant des armes, si PETITE PLACE QU'ON LUI ACCORDE?... Ne vaut-il pas mieux de croire qu'elle doive ne pouvoir sortir QUE DU MOUVEMENT NATUREL DU CŒUR?

Vous venez d'offrir ce cœur à l'allemand c'est vrai, mais vous avez laissé derrière la barricade.

Laissez le pavé à la rue ; portez sur votre main de sage à ces fiers lions votre bon cœur de français et laissez les choisir.... demandez leur seulement votre tour à la tribune ; ce sera là la citadelle devant laquelle chacun ira tracer les parallèles. Vous me comprenez n'est-ce pas !

Et quant aux munitions elles ne vous manqueront pas ; voici d'abord un bourreau des Krupps :

La corruption.

(Extrait de ma lettre du 18 juillet dernier aux 13 candidats pour le Sénat et la Chambre, Belgique) : « Comparez cette... nos fis » (1) et cette effroyable mitrailleuse :

Le monde renversé.

(Extrait de ma lettre du 10 septembre courant à M⟨r⟩ D.... Représentant, Belgique) » Ne croirez vous pas..... gare à nous ! » (2)

Vous voyez que notre arsenal se monte aussi de bonnes pièces. Nous ferons avec les vieux engins refondus des bourreaux de monitors etc.

Allon, je vous en conjure mon brave Hugo, allez inviter les allemands à la tribune, ils ne refuseront pas. Ouvrez leur vos portes, ouvrez leur vos bras ; fêtez avec eux ce beau jour que tous nous avons rêvé : allez signer le traité de la paix du monde ; allez le moment est si beau !....

Recevez les compliments d'un vieux patriote (lisez cosmopoliote).

M. J. M.

(1) Voyez lettre du 28 juillet.
(2) Voyez lettre du 10 septembre.

M.... *le* 13 *septembre* 1870.

Monsieur Edgard Quinet, Paris.

J'ai tracé hier d'une main frémissante quelques lignes terribles, pressantes à Hugo. Vous irez les lire avec lui, Quinet ; vous lui prêterez votre vue plus calme, plus réfléchie ; vous laisserez parler la science avant les émotions ; vous arracherez de cette belle âme ce ver des passions violentes qui la tourmente ; elle verra alors à travers le limbe de la Révolution cette belle étoile au feu pur, à la marche assurée que le grand maître a attelée au char de sa créature privilégiée — la puissance de la raison — .

Je ne puis pour le moment rien y ajouter, j'ai besoin de savoir quel accueil recevra mon incroyable proposition ; mais je puis vous dire que j'ai laissé aller de ce temps-ci ma plume sur quelques sujets de ce genre et qu'il en est sorti des révélations à moi-même inespérées. Un mot de réponse s. v. p. et je serai à votre disposition, à nous trois, nous sauverons la France, non, la Société ! Votre appel au bon sens m'en est la garantie.

Recevez en attendant, mes compliments les plus empressés.

M. J. M.

P. S. J'écrirai aussi à Thiers.

M.... le 13 septembre 1870.

Monsieur Thiers, historien, Paris.

J'ai écrit à Hugo, j'ai écrit à Quinet ; j'écris à Thiers pour le prier de lire les deux précédentes.

Beaucoup de bonne volonté et un peu de courage et l'événement qui s'apprête terrible sera transformée en une ineffable joie.... On dit que le diable seul est capable d'une idée originale mais vous savez que les inventeurs sont des diablotins, qui remuent tout, qui retournent tout ; or, c'est en retournant l'autre jour la Société que j'ai découvert qu'on avait mis le beau côté de l'étoffe en-dedans.

J'espère, cher maître, que vous ne reculerez pas devant la peine de prendre ce petit dérangement et que vous daignerez m'accorder un mot de réponse. Je serai alors à votre disposition pour développer ensembles le plan hardi dont je n'ai donné que les traits imagés.

Faire tomber les armes des mains de la plus formidable armée que l'histoire ait produite, sous l'élan d'une sublime générosité, serait un fait qui n'aurait d'égal en beauté, que la magnanimité d'un grand ennemi.

Place aux rois de la pensée, place aux princes de la science, place aux maîtres des arts et de l'industrie, place ; laissez leur ouvrir la tranchée des progrès de l'humanité !....

Que la méchanceté, que l'ignorance VOLONTAIRE, que la paresse tombent sous les coups de leur plume, de leur creuset, de leur archet, de leur pinceau, de leur ciseau, de leur marteau et notre véritable ennemi sera vaincu à jamais !

Recevez, noble Maître, avec mon instante prière, l'assurance de toute mon admiration.

M. J. M.

M…. le 14 septembre 1870.

Monsieur Jules Favre,

Tout citoyen qui s'inspire d'un grand devoir est obligé de le remplir.

Devant la civilisation internationale il n'y a plus de simple citoyen ou de patriote ; le progrès de l'esprit cosmopolite a éteint ces restrictions, il a fait le COSMOPOLIOTE.

C'est sous cette croyance que je me suis permis de tracer des lignes terribles à d'autres soldats de la nouvelle Patrie : Hugo, Quinet, Thiers (et q. q. amis Belg.) dont la grande âme est restée accrochée à des lambeaux de l'ancien préjugé par les derniers tendons qu'on appelle des Krupps, des mitrailleuses, des monitors, des égoûts minés, etc.; je les ai sollicité à prêter une oreille à cette grande voix encore perdue à travers les déserts qui séparent les penseurs et si elle ne leur arrivait pas sur le papier, j'en ai pris la détermination sérieuse, je la leur porterai sous la protection du drapeau blanc de votre noble antagoniste.

Dans la partie engagée, la question n'est pas de savoir de quel côté passera la gloire des armes; c'est de savoir quelle idée triomphera. Vous êtes tous les deux dans les mêmes dispositions. Or, ces deux idées différentes peuvent n'être tout simplement que deux erreurs que l'un ni l'autre n'aperçoit…. Celui de vous qui foulera le premier aux pieds les anciens préjugés aura acquis cette gloire nouvelle que vous vous disputez l'un à l'autre et que vous voulez faire dépendre de la première.

Et cette dernière condition n'est non seulement tout à fait inutile!…. Vous ne parviendrez JAMAIS à asseoir de vraie paix sur les torrents de sang!…. Arrêtez-vous, laissez répandre sur vos esprits effarés ce baume de la raison qui fait les grands miracles. On vous écoutera, on bénira votre nom…. rendez au monde SA FOI DANS LE BIEN!

En attendant, recevez, Monsieur, pour vous et les français, les témoignages de toute mon admiration pour le courage avec lequel vous supportez une épreuve dont il sortira pour tous, je l'espère, une grande joie.

M. J. M.

M.... *le 20 septembre 1870.*

Monsieur Victor Hugo, Paris.

Ce n'est plus à la plume à parler ; Paris la grande artiste du monde a jeté ses pinceaux pour l'écouvillon !.... Paris l'âme du génie humain a trouvé un ennemi à combattre, non une rivale à égaler. Paris a déserté l'atelier pour le rempart ; elle va demander à la mitraille la paix des hommes !....

Ecrivains, savants, artistes, industriels, ouvriers, inspirez vous de ses soucis ... fussent-ils imaginaires ou insensés c'est la patrie de la pensée, de la science, du travail qui est attaquée par le fer.... mais, O malheureux ! arrêtons.... regardons cette main qui tient le fer.... elle a aussi tenu le pinceau, la plume, le marteau.... où est l'ennemi ?.... ah ! l'ennemi il est entre les deux fers.... malheur, c'est le bien !...., le bien dont les champions se disputent la gloire.... et le vainqueur des armes ne l'aura lui-même pas, car cette gloire fugace ne sera que le linceuil du bien que vous immolez étourdiment sur l'autel de l'erreur.

Et ces deux frères, non de sang, mais les premiers en rang de la grandeur vont s'entretuer..... et que restera-t-il après !.... et nos outils ensevelis sous des monts de ruines !.... et nos mains ensanglantées dans le crime du fratricide !...., et nos cœurs formés au spectacle de la guerre !.... voilà frères, notre vrai désastre !

Paris a vu couler le sang de nobles martyrs, Berlin le sait bien ; Paris la France a envié une gloire universelle, Berlin l'Allemagne aussi ; ah !.... arrachons de nos yeux le voile épais du préjugé de l'erreur.... plongeons un regard sérieux dans le panier aux gloires.... laissons choisir Berlin première.... laissons lui prendre la gloire militaire.... que sa bayonnette enfourche la gloire féodale.. France prenez le reste, votre part est la plus belle !.... Souvenez-vous de vos martyrs, des saints qui vous ont légué ces grandes gloires ; allez chanter sur leurs tombes tranquilles les hymnes de la paix, l'esprit barbare fuira.

Hugo, tu rectifieras les fautes d'une plume inexercée mais tu ne mentiras pas à ta foi de philosophe. Tu retoucheras seulement mon tableau ; tu en feras notre charte des penseurs et tu n'oublieras pas surtout de nous enseigner à tous que le fleuve de la vie humaine doit être alimenté par lés sources D'EN HAUT et ne doit point attendre que les ouragans de ses vallées ou les reflux de la mer viennent déborder ses rives.

Promets moi enfin, courageux patriote, que l'illusion qui éblouit Paris ne te fera pas hésiter devant un grand devoir.

Faites moi savoir, je vous prie, si vous avez reçu ma lettre du 12 adressée comme la présente par la poste. J'ai écrit alors aussi à Quinet, à Thiers et à Favre.

Recevez, Monsieur, avec mes encouragements mes saluts les plus dévoués.

M. J. M.

M.... le 25 septembre 1870.

Monsieur Victor Hugo,

J'ai encore trouvé un autre désastre que celui de nos ateliers noyés dans le sang du crime et que celui de nos cœurs contemplant les champs de carnage : J'ai trouvé nos beaux chemins de fer avec leurs vaillantes machines et les nerfs électriques qui portaient nos messages précieux profanés ; on les a employés à faire tuer le plus vite et le plus loin possible le plus grand nombre de frères possible.

Et j'en ai encore trouvé un autre : Ce sont tous ces représentants du Dieu de Paix, qui ont mission de nous enseigner les devoirs de la douce paix, qui se sont fait BÉNISSEURS DE DRAPEAUX, qui ont ensorcelé ces belles loques aux franges d'or où ils ont attaché des ficelles qui passent sous le plastron de nos miliciens, font exécuter à leur innocent cœur des cabrioles diaboliques.

Courage, mon cher poète, les Krupps s'avancent, chargeons les fourneaux de l'égoût. Que la jeune femme rince les hardes poudreuses de son tendre mari dans la mâre de sang, etc. Ah que c'est beau ! Courage. Et j'en trouverais encore bien des désastres si j'étais un peu instruit ; mais voici du renfort : La loge des philanthropes de Bruxelles qui a aussi écrit ; elle sait parler histoire, elle. Espérons !

Recevez, cher Monsieur, avec l'expression de mes plus vifs regrets, l'assurance de ma meilleure estime.

M. J. M.

P. S. J'ai encore trouvé un autre désastre. C'est cette infâme lacheté des neûtres qui s'enfuyent tout au fin fond des cavernes ténébreuses DE L'ABANDON DU DEVOIR et qui en ont même bouché les petits soupiraux par où les rares penseurs perdus sur la montagne rocailleuse, laissaient trop souvent tomber de trop amères plaintes.

Voilà, Monsieur Hugo, le beau siége !

Faisons la chasse-au renard ; enfumons la tanière avec nos pages de pensées moisies.... ils viendront se rendre à l'orifice et là nous leur dicterons nos remèdes contre l'asphyxie des peuples.

Je suis sans réponse à mes lettres 12 et 20 courant.

Paris, 6 octobre.

Cher Monsieur M. J. M.

Votre lettre du 20 est ici. Je reconnais bien là l'esprit confiant du patriote belge, de ces cœurs qui n'ont jamais été déchirés. Ici nous nous battons pour l'idée. Si nous pouvions trouver dans quelques lignes sentimentales un instrument infernal qui foudroyat l'ennemi, qui rôtit l'allemagne et qui sait-on encore? Ce serait bien mieux notre affaire. Nous avons sur les bras la lâcheté des uns, la fureur des autres. Les hommes seront dévorés mais l'idée sainte sera plus forte : Adieu Monsieur, Nadar va partir.

Victor HUGO.

M.... le 8 octobre 1870.

Monsieur Jules Favre

J'ai entrepris de démontrer que ce ne sera jamais en abandonnant la défense de l'humanité aux aventures de la guerre BRUTALE que la société parviendra à jeter les fondements d'une existence normale sinon celle d'un défi constant.

Constatons que cette croyance est loin d'être neuve et qu'elle s'est imposés dès les premiers temps, à l'état de sentiment, chez les hommes qui ont voulu s'associer en petit ou en grand dans une vue quelconque.

L'analyse attentive des faits historiques nous apprend cependant une chose inattendue dans l'étude théorique des systèmes sociaux : c'est que des nations inassociables d'intérets ou antipathiques de caractère auraient pu vivre voisines moyennant certains obstacles naturels opposés à leur contact ou bien dans une situation de défense artificielle telle qu'ils renonceraient à s'attaquer.

Mais ces sortes d'obstacles ne peuvent plus exister aujourd'hui ; le génie de l'homme, QUAND ON LE LAISSE MARCHER A SES NOBLES CONQUÉTES les renverse et si on le contraint parfois à mettre aux mains des batailleurs des moyens de destruction, c'est plutôt pour leur communiquer l'effroi du crime qui les fait agir, que pour les protéger dans leur fureur.

Il n'y a donc plus de possibilité à une existence NORMALE armée. Si deux états qui ont des intérêts adverses ou sont animés de haines profondes n'arrivent pas à une absorption complète de l'un par l'autre, leurs rapports ne seront plus marqués que par une excitation CONTINUELLE à la guerre ou un état d'hostilité PERPÉTUELLE.

Il est évident que ceux qui ne croyent pas au fondement logique de la théorie que nous exposons ce sont précisément ceux-là qui fondent sur des illusions, des prétentions qu'ils veulent imposer contre toute équité ; c'est la passion de la plus cruelle injustice qui les aveugle -- LA DOMINATION --.

A moins que d'abdiquer tout devoir en fait de prévoyance et de rejeter sur le compte de la fatalité tout événement qu'une politique attentive aurait pu prévenir, nos hommes d'état ne peuvent décliner la responsabilité qu'ils ont laissé peser sur eux par suite de l'incurie avec laquelle ils ont laissé croître à l'abri d'une abstention aveuglément tolérante et laissé grandir jusqu'à l'exaltation la plus dangereuse, des ressentiments, des ambitions internationales QUI NE PEUVENT CONDUIRE QU'A UNE GUERRE D'EXTERMINATIOM, partie dont l'enjeu, osez bien le lire, c'est nous!.... ce sont les neûtres qui attendent naïvement la fin de vos massacres.

Qu'une telle position se soit montrée dans des temps que nous appelons barbares où l'arbitraire était LA SEULE LOI COMMUNE, celà se comprendrait ; mais qu'on ôse dire qu'à une époque où les nations se sont associées en réunissant leurs efforts dans des élans d'une noble émulation pour le bien, on les ai trouvées l'arme au poing, celà ne se comprend pas !.... ou bien ces nations ont cédé à un mouvement d'excitation malheureuse et elles se seront enferrées, nous dirons amen...., ou bien le vertige d'une domination injuste ou d'un ascendant calculé sur les autres peuples les aura portées à se disputer le pas, nous dirons halte-là.... Lorsque le vainqueur portera la main sur l'enjeu, une exclamation formidable en sortira.... le traître! le traître!.... C'EST TOUT LE FRUIT POUR LUI DE LA CONQUÈTE QUI SE PRÉPARE.... N'eut-elle coûté qu'une seule goutte de sang, c'est déjà bien cher pour ce qu'elle vaut. Ma prédiction s'arrêtât-elle là !

Contre toutes ces basses spéculations que la colère des hommes paresseux entretient, il y a, Monsieur Favre, écoutez moi bien, il y a quelque chose de plus fort que les poumons de tous les Krupps monstrueux et que la voix criarde des plus fameuses mitrailleuses, il y a la voix de cette inflexible justice que Dieu a mise au fond du cœur des humains et que vos effroyables engins ne couvrent QUE PAR PETITS MOMENTS, dans les jours les plus sinistres : c'est la voix de la raison, qui leur commande de travailler PACIFIQUEMENT à leur propre bonheur et que vos guerriers cherchent à éteindre sous des flaques de leur propre sang.... Peine inutile, mettez vous bien cela dans la tête, enfin de compte, ceux qui auront dédaigné de souiller leurs mains blanches au manche de l'outil de labeur; ceux qui auront laissé tomber la truelle pour ramasser la lance-à-feu ; ceux qui auront trempé leur plume dans l'encre rouge, entendront dans l'obscurité de l'antre du méchant cette voix rauque du reproche qui les fera tressaillir jusque dans la tombe : — tu as méprisé le travail, — tu as molesté ton frère, — tu es un vaurien!

Je n'ai pas reçu de réponse à cinq lettres que j'ai adressées à MM. V. Hugo, E. Quinet, Thiers et J. Favre en septembre.

Je me suis permis de confier la présente à Monsieur le comte von Bismark dont le dévouement à la science m'est agréablement connu.

J'ai l'honneur de vous présenter, Monsieur, l'assurance de ma très haute considération.

M. J. M.

— 14 —

M.... le 8 octobre 1870.

SON EXCELLENCE

Monseigneur le comte von Bismark,

Chancelier de la Confédération de l'Allemagne, au quartier général de l'armée allemande devant Paris.

Mû par le devoir que m'inspire la culture des vues élevées à laquelle ma vie d'investigateur a exercé mon imagination, j'ai obéi aux circonstances qui se sont présentées en ces temps malheureux pour essayer mes idées sur la solution des difficultés principales des grandes questions sociales ; mais la présence trop immédiate des faits en cours ne m'a pas permis d'en développer les voies ; j'ai dû me borner à des indications tracées dans un langage assez saisissant pour qu'il invite à la réflexion sur l'issue probable d'évènements dont on ne peut plus espérer d'arrêter la marche fatale. Six lettres que j'ai adressées à Messieurs V. Hugo, E. Quinet, Thiers et J. Favre dont je sais apprécier le haut penchant philanthropique sont écrites dans l'esprit de l'incluse, ouverte, que je vous serais reconnaissant de faire parvenir à M* J. Favre.

Quoique je n'ose espérer en un succès immédiat de ces efforts, j'ai crû, comme l'expérience le conseille, qu'en les présentant même à travers des moments les plus sinistres on peut plus facilement briser ou tout au moins relâcher les liens qui enchaînent certains esprits à de grandes erreurs et c'est dans cette perspective que j'ai été heureux de pouvoir compter sur le concours de votre Excellence pour obtenir un puissant coup de main à une tentative que le devoir seul m'a invinciblement imposée. Elle me permettra de lui offrir cette petite étude :

Il y a dans le Gouvernement comme dans les Sciences, les Arts, l'Industrie, des difficultés d'application qui paraissent au premier abord inhérentes à la nature même de la chose et dont on s'habitue à supporter les inconvénients au moyen de correctifs dont l'usage devient lui-même tout un art souvent peu facile à manier, comme la diplomatie par exemple ; eh bien, il suffit souvent de se placer à un point de vue tout différent pour apercevoir une voie plus simple, moins coûteuse, plus efficace etc., et qui semble autant plus naturelle que l'autre était trop artificielle. Ainsi, comment a-t-on éteint les rancunes, les haines, les jalousies qui amenaient des collisions entre les bourgades entre les seigneuries, entre les provinces? N'est-ce pas en leur donnant des lois communes et des justiciers communs? Qu'on en fasse autant pour les questions et la police internationales et on n'aura plus besoin, au lieu d'armées, de forteresses et de flottes, que d'un corps de procureurs des Nations, de juges et de gendarmerie pour toute l'Europe ou la terre entière.

Devant une telle combinaison, l'idée de réunir sous un même sceptre un si grand nombre de peuples qui parlent, qui pensent, qui adorent tous différemment disparaît avec son impraticabilité car ce serait déjà bien assez que de les obliger à agir avec la même honnêteté.

Oserais-je espérer qu'il me soit permis dans ce moment où votre Excellence est occupée à des soins plus actuels, de lui présenter la copie des lettres dont j'ai parlé, mais je puis certifier que ce sera une chose très flatteuse et très encourageante pour moi qu'elle daigne m'en témoigner le désir et comme je dois les faire imprimer avec les présentes, me faire connaître le nombre d'exemplaires que je dois mettre à sa disposition et par quelle voie.

J'ai l'honneur de présenter à votre Excellence

Monsieur le Comte,

l'assurance de mon très humble respect.

M. J. M.

M.... le 10 octobre 1870.

Mon cher Monsieur V. D, E... à R.

Je crois justifier auprès de vous une expression qui vous a paru trop forte alors que je vous donnai lecture de mes lettres sur LES MAUX DU SIÈCLE, en vous rapportant le jugement exprimé par Arlès Dufour écrivant le 26 septembre à W. Glastone et à J. Bright:

» Chers et illustres amis, croyez moi, l'Angleterre se repentira un jour et peut-être bientôt, d'avoir laissé écraser sa fidèle alliée. En l'abandonnant, j'ose dire presque lâchement, elle s'affaiblit elle-même bien plus qu'elle ne pense. »

C'est avec une grande joie que j'ai vu cette opinion terrible naître ailleurs que dans mon coin obscur et je me suis autorisé à vous offrir, par reconnaissance pour l'intérêt que vous y avez pris, avec notre ami A. M. cette autre étude qui ne lui doit rien en force.

Je n'ai pû fermer ce petit recueil sans dénoncer au monde cet esprit de BRIGANDAGE d'après lequel il est donné à tout offensé, réel ou même supposé, pour des faits patents ou même seulement imaginaires, le droit d'infliger DE SA PROPRE MAIN, les peines les plus grandes, les plus dûres, les plus désastreuses, les plus humiliantes que sa force, que sa puissance, que sa colère peuvent lui suggérer TOUT ARBITRAIREMENT. N'est-ce pas là, que l'esprit de justice que l'homme civilisé PEUT S'ARROGER A BON DROIT dans le jugement des PETITS crimes, des PETITS délits, des PETITES fraudes, des PETITES offenses a montré les premiers chemins de cette magnifique chose que le créateur n'a pû lui-même INSTITUER chez celui de ses sujets QU'IL A VOULU SE DONNER COMME SON DERNIER CHEF-D'OEUVRE ! mais auquel il en a cependant laissé les moyens ; n'est-ce pas là précisément, que cette superbe créature doit trouver une magnifique occasion, de prouver à son Dieu, sa loyale reconnaissance de tant de bienfaits matériels, de tant de puissances délicates dont il l'a comblée avec une profusion qui l'enivre d'aisance. Pourquoi ne pourrions nous pas vivre entre des peuples, comme on vit déjà UN PEU en familles, UN PEU en communes, UN PEU en états ?.... Pourquoi faut-il garnir nos frontières de canons ?.... Pourquoi ne hérissons nous pas les limites de nos villages, de piques ?.... Pourquoi ne mettons nous pas à la main du bébé qui tète, le stilet, pendant que l'autre main couvre la mère des plus tendres caresses ?....

Je terminerai cet édifiant tableau en adjurant le monde entier, de décréter EN TOUT et PARTOUT l'application de ce principe, si simple, déjà consacré de si longtemps, dans nos primitives tribus : PERSONNE NE PEUT ÊTRE JUGE ET PARTIE. Dans la guerre de 1870 on est partie, juge, recors et bourreau ; honneur au siècle des merveilles !!!!

Recevez je vous prie, mes plus affectueux saluts.